中国超级工程丛书

CHINA'S MEGA PROJECTS

港入深海：智慧港口洋山港

总顾问　聂震宁　陈　云

总主编　杜彦良

主　编　陈　馈　王江卡　周　蓓

河南科学技术出版社

·郑州·

图书在版编目（CIP）数据

港入深海 : 智慧港口洋山港 / 陈馈，王江卡，周蓓主编. -- 郑州 : 河南科学技术出版社，2024. 12.
（中国超级工程丛书）. -- ISBN 978-7-5725-1706-8

Ⅰ. U65-39

中国国家版本馆 CIP 数据核字第 2024JT2833 号

港入深海：智慧港口洋山港

出版发行：河南科学技术出版社
地址：郑州市郑东新区祥盛街 27 号　　邮编：450016
电话：（0371）65788613　65788642
网址：www.hnstp.cn
出 版 人：乔　辉
策划编辑：牟　斌　刘燕芳　王志强
责任编辑：于凯燕　牟　斌　王志强
责任校对：耿宝文　徐小刚
整体设计：小红帆　祺虎平面
插图绘制：姜　雨　王美伦　赵博文
责任印制：徐海东
印　　刷：涿州市京南印刷厂
开　　本：787 mm × 1092 mm　1/16　印张：4　字数：100 千字
版　　次：2024 年 12 月第 1 版　2024 年 12 月第 1 次印刷
定　　价：49.80 元

“中国超级工程丛书”编委会

谨以此书献给可爱
可敬的工程建设者们

PREFACE / 前言

科技如春风拂面，赋予世界勃勃生机，改变着世界。

如今中国已是科技大国，在基建、航天等领域，我们展翅高飞，创造了令世界瞩目的奇迹。

孩子们是祖国的花朵，是未来的希望，他们见证着祖国的科技辉煌和繁荣昌盛。编著这套图书的初衷，便是让每一个孩子都能领略到工程科技的魅力，感受到工程师的智慧。孩子是天生的小探险家，对世界充满了好奇与渴望。那些卓越的大国工程，对孩子们来说或许有些“高深莫测”，但请相信，我们将用生动、有趣的笔触，将它们呈现给孩子。在这套书中，我们将一起目睹中国高铁的疾驰如飞、大桥的横跨天堑、航天科技的梦幻传奇等。这些工程背后的国之匠心，是工程师们一次次的坚守担当，是他们托举起了强国建设、民族复兴的伟大梦想。

让我们共同翻开这套书，踏上一段奇妙的超级工程之旅。愿孩子们在阅读中收获知识，启迪心灵，培养科技素养，从小增强自信，成为新时代的杰出人才！愿孩子们在未来的日子里，绽放出属于自己的光芒，书写属于自己的传奇！

编者

2024年7月

为了找到合适的港口选址，专家们不辞辛劳，跑遍了长江口外的大大小小一千多个岛屿，终于确定了洋山港的方案。

心系国家的海港工程师

洋山港的建设离不开几代人的努力，仅是选址就经历了无数次的勘察与论证。

河水冲击带来的泥沙淤积在入海口，就会形成拦门沙。一开始，工程师们想到清理淤沙的方案，效果不是很好。工程师们又想到，能不能利用周边岛屿建深水港。于是，瞿世民开始勘察附近的岛屿。受到当时环境的限制，他只能依靠自己的力量和业余时间，艰难地收集资料，开始了漫长而孤独的跋涉。日积月累，长江口外的1339座岛屿瞿世民已了然于心。到了20世纪90年代，他发表了一篇讨论在长江口外的衢山岛、洋山等地建设港口的论文。

此后，又经过很多专家的多番论证，终于确认了在舟山群岛所属的两个岛，即大、小洋山岛建设深水海港的方案。他从立志解决上海没有深水港的问题，到四处奔波勘察，再到形成方案，几十年如一日，不忘初心、牢记使命，体现了工程人员坚韧不拔的探索精神。

大、小洋山岛由十几座不相连的小岛组成，要在深20米以上的海面上筑堤吹沙填海，施工难度前所未有。

为了保证工程的质量，工程师们身先士卒、亲力亲为。洋山港建设总指挥归墨当年已经56岁，依然头顶安全帽再次出征。

他带领建设者们在连挖掘机都无处安放的海洋深沟里抛石吹沙，回填了2500万立方米的沙石，造出了150万平方米的陆地。经过10个月300多天的苦战，洋山港从这里扩展诞生。

建好这座国际化的港口，除了“苦干”，还需要“智造”。洋山港四期是自动化码头，构建自动化码头，“大脑”是建设中最大的难点。没有教科书，工程师们自己写代码、自己创造系统。相关团队经历了无数次推倒重来，最终突破了关键核心技术，用3年多的工程建设周期，完成了国外需要8~10年才能完成的工作。

为了建好洋山港，全国一流的专家和建设者对技术方案先后进行了12次大修改，最终形成了200多万字的《洋山深水港区一期工程可行性研究报告》。报告供专家评审、请决策层做出最后的决策时，装满了整整一个集装箱。

目录

漂洋过海的礼物

轩轩的生日快到了，远在国外的姑姑要给他寄一个大大的生日礼物。一大早，轩轩就迫不及待地询问爸爸他的礼物到哪里了。

轩轩还没听说过港口呢，于是疑惑礼物为什么要先到港口才能到他手中。

空运 VS 海运

空运的速度快，效率高，但运量小且费用高，适合小批量货物运输。

海运的运量大，费用低，航道四通八达，但速度较慢，适合大宗货物运输。我国绝大部分进出口货物，都需要海运。

远洋货轮

经国家批准参与国际航线运营，从事远洋运输的船舶。其具有较大的续航能力，耐波性良好。

耐波性

耐波性指船舶抵抗海上风浪的能力。

耐波性好的船舶船体结构强度高，在受到风浪侵袭时仍具有足够的稳定性，并能保持一定的航速安全航行，从而不影响船上人员的生活和工作。

连接世界的窗口

你是不是跟轩轩有着同样的疑惑：到底什么是港口呢？

其实呀，港口就是船舶停靠的地方，就像汽车的停车场、飞机的停机坪。货轮要先停靠在港口的码头，然后才能把船上的货物卸到陆地上。

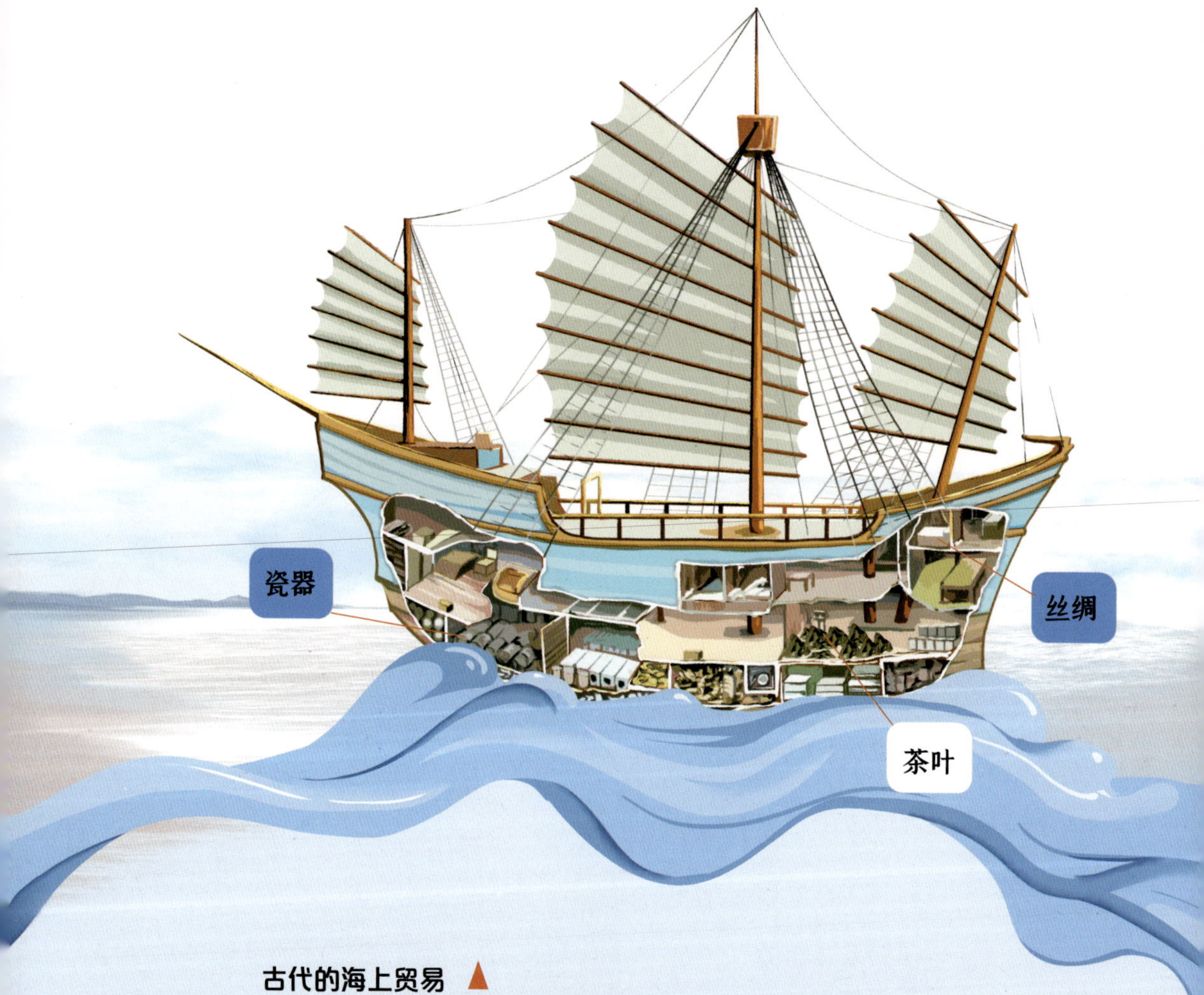

古代的海上贸易

从秦汉时期开始，中国的丝绸、茶叶、瓷器等货物就通过海上运输源源不断地销往国外。而国外的香料和各种奇珍异宝也通过海运被带回中国。海运的发展极大地促进了世界各地的交流与贸易发展。

港口是连接世界的窗口，从古至今都发挥着巨大作用。

在古代，还没有飞机，世界各地的好东西都要经过港口才能送到人们手上。

而在现代，全球 50% 的财富都集中在沿海的港口城市。在任何一个国家，港口对城市和区域经济的发展都起着非常重要的作用。

码头 ▶

港口的重要组成部分，是港口边供乘客上下或货物装卸的水工建筑物。

得天独厚的位置

轩轩的礼物终于到达上海港了。

货轮为什么会选择在上海港停靠呢？这得益于上海港得天独厚的地理位置。

上海港位于中国大陆海岸线中部，长江与东海交汇处。同时，上海港的陆运和水运都特别方便，可以帮助人们将货物从港口运送到千家万户。

中国的海岸线像一张巨大的弓。长江就像弓上的箭。

上海港处在箭头的位置，是中国面向世界的海上门户之一。

世界各地的很多货物都从上海港这个“大门”进入中国内地。

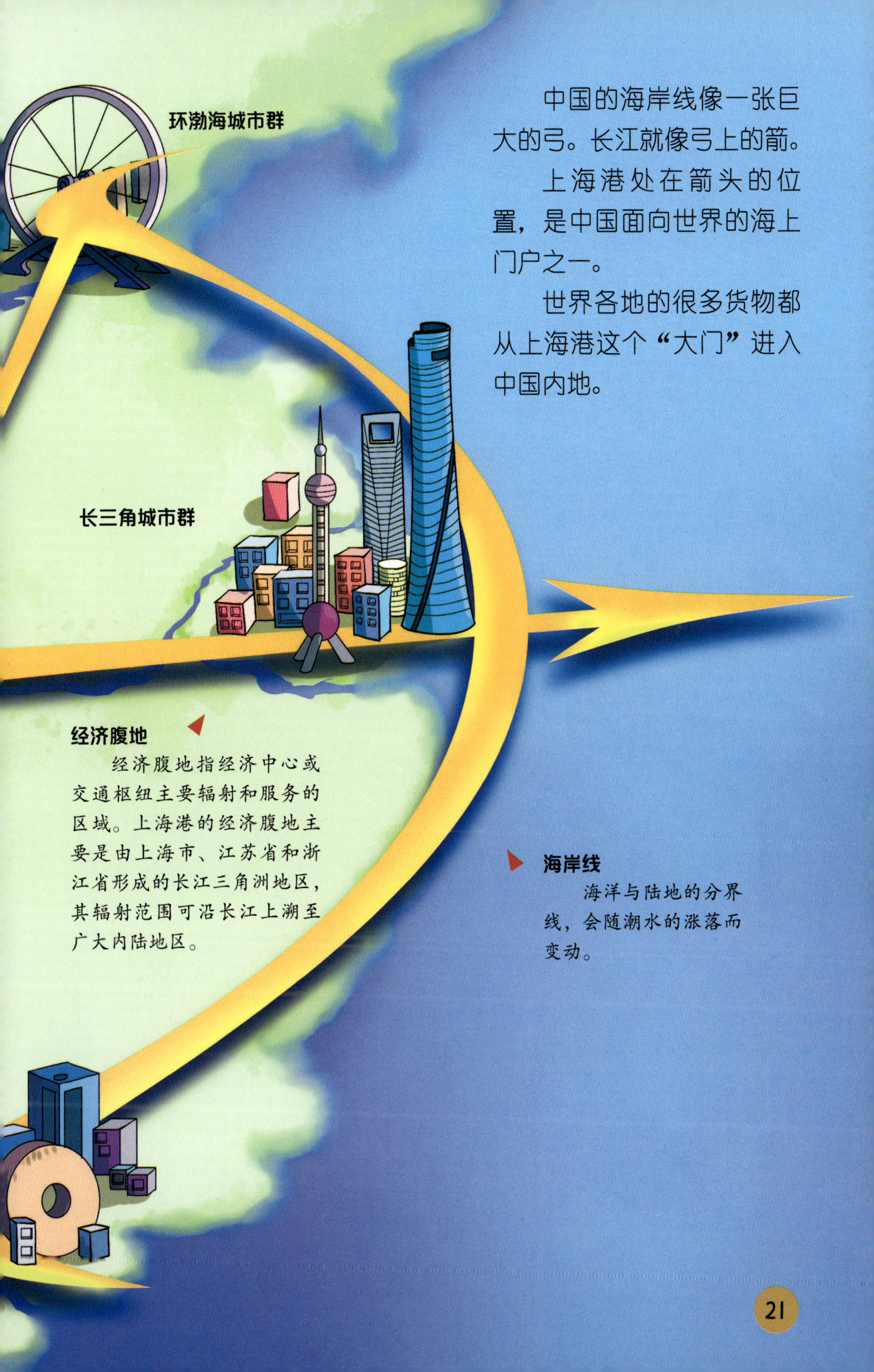

经济腹地

经济腹地指经济中心或交通枢纽主要辐射和服务的区域。上海港的经济腹地主要是由上海市、江苏省和浙江省形成的长江三角洲地区，其辐射范围可沿长江上溯至广大内陆地区。

海岸线

海洋与陆地的分界线，会随潮水的涨落而变动。

狭窄拥挤的航道

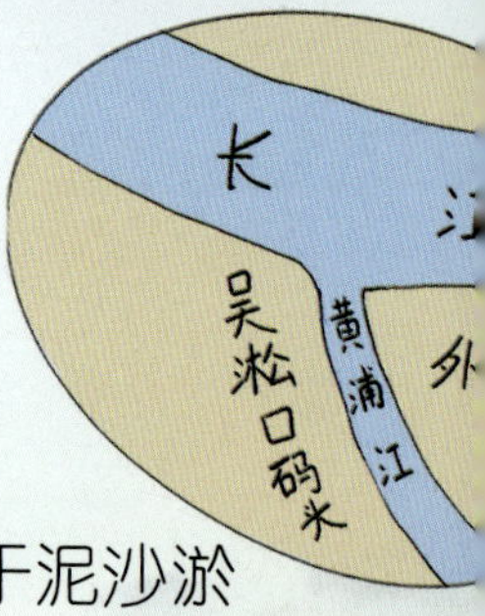

爸爸继续给轩轩讲述上海港以前的故事。

上海港的吴淞口码头位于黄浦江和长江交汇处，由于泥沙淤积，黄浦江变得越来越浅，巨型货轮开不进来，即使开进来了也难以掉头。

“把航道底下的泥沙挖上来不就好了吗？”轩轩想到一个好办法。

爸爸摇摇头：“这个办法操作起来太难了。长江每年都会把大量泥沙从上游带到下游和入海口，挖的速度根本赶不上泥沙淤积的速度。”

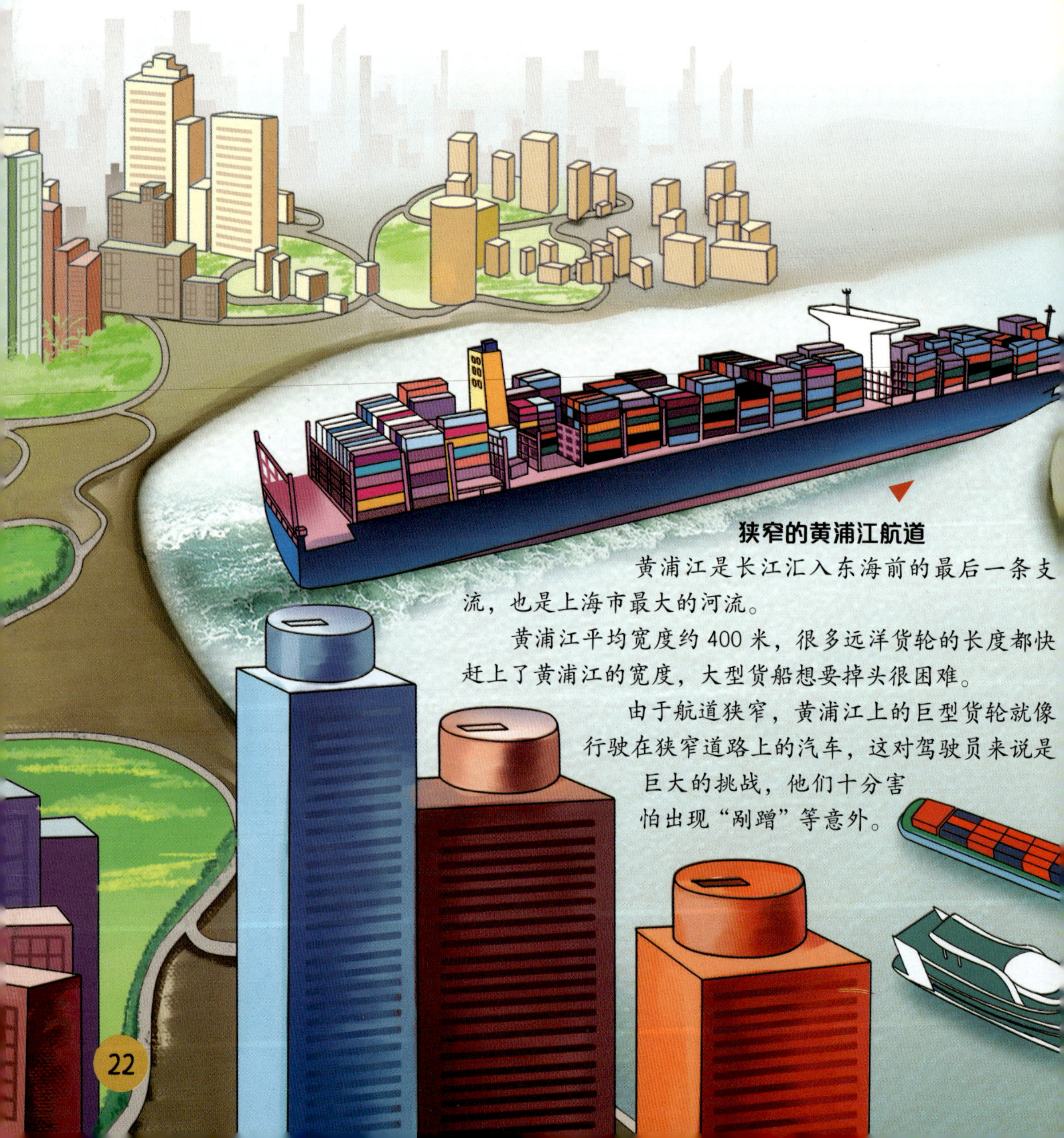

狭窄的黄浦江航道

黄浦江是长江汇入东海前的最后一条支流，也是上海市最大的河流。

黄浦江平均宽度约400米，很多远洋货轮的长度都快赶上了黄浦江的宽度，大型货船想要掉头很困难。

由于航道狭窄，黄浦江上的巨型货轮就像行驶在狭窄道路上的汽车，这对驾驶员来说是巨大的挑战，他们十分害怕出现“剐蹭”等意外。

你知道吗？

上海港的变迁

1843年上海正式开埠，对外开放，那时候的上海港的港区分布广泛，黄浦江中下游和苏州河沿岸都有其港区，今天的外滩、陆家嘴、虹口在当年都是码头。后来，由于黄浦江航道变浅，上海港就迁到黄浦江与长江交汇的吴淞口地区。再往后，长江航道也越来越浅，上海港又迁到长江口的外高桥港区。

大桥影响通航

黄浦江上矗立的大桥，增加了巨型货轮的航行难度。

越造越大的轮船

“那该怎么办呢，可以把轮船造得小一点吗？”轩轩继续追问。

爸爸还是摇了摇头，耐心解释道：“轮船只会越造越大哦，越大的轮船能装下越多的货物，这样才能提高运输效率，降低运输成本。”

超巴拿马型集装箱船

船身宽度超过巴拿马运河允许通过的最大尺度（船宽 > 32.2 米）的大型集装箱船。

集装箱船大型化可以取得规模经济效益，降低运输成本。

如今全球越来越多的集装箱海运使用这种超巴拿马型集装箱船，如“中海环球”号、“中远海运双鱼座”号等。

吃水线

船体与水面相交的线，表示船舶的吃水深度。

随着全球经济的不断发展，海运贸易量也在快速增长。为了降低运输成本，轮船越造越大，而上海港却没有可以接纳这些巨轮的深水港口。为此，必须想办法打破“水深不足”和“航道狭窄”的限制，这样才能吸引更多远洋巨轮在上海港停靠。

巴拿马运河 ▲

位于中美洲国家巴拿马，1914 年开始通航，是连接太平洋和大西洋的重要航道，被誉为世界七大工程奇迹之首。

吃水深度

船舶沉入水下部分的深度，随船舶载重量及所处水域盐度而变化。

跳出长江口建港

考虑到长江口的水深难以改变，上海市最终做出了一个重大的决定：跳出长江口，到大海中去建设深水港。

但是寻找适合建设深水港的港址十分不易。工程师们经过长期的调查研究，克服了很多困难，才在茫茫大海中选定了位于浙江舟山群岛的大、小洋山岛。

精心打造施工方案 ▲

在建造上海洋山深水港之前，200 多位工程师对洋山岛进行了长达 6 年的考察与研究，并“量身定制”了施工方案。

洋山港的建造要以保护生态环境为主，也就是说要尽可能减少给环境带来的不良影响。

选址只是建港的第一步，后面的工程施工才是重头戏。接下来，让我们一起回顾上海洋山深水港的建造过程，一起走进它的“前世与今生”吧！

深水港

水深大于 15 米，能接纳大型集装箱船的港口。

深水港作为一种稀缺资源，在 2003 年之前全球仅有 20 个，而我国当时只有香港和高雄港这 2 个深水港。

大、小洋山岛好在哪里？

看着地图，你可能会很疑惑，为什么海上这么多岛屿，偏偏选择了大、小洋山岛呢？它们有什么了不起的地方吗？

一般情况下，港口距离城市和国际航道越近越便利。洋山岛距离上海约 30 千米，距离国际航道仅 104 千米，地理位置优越。

并且，洋山岛周围水深都在 20 米以上。潮流强劲、泥沙不易淤积，海床近百年基本稳定，所以它是离上海最近的而且具备 15 米以上水深的合适港址。

在岛上建港口十分困难。洋山深水港共分为四期工程，从 2002 年开始建设，到 2017 年第四期工程建成，花了整整 15 年时间，这个小岛才变成如今举世闻名的国际大港！

你知道吗？

在洋山岛建深水港有三大优势

首先，洋山岛地理位置独特，工程水域地质良好，具备建设 15 米水深港区和航道的优越条件；

其次，施工方案经过模型试验反复论证后，表明港口建成后对自然条件基本无影响，能维持原有水深，且自身岛链也能形成天然屏障，可以确保船舶航行及靠离泊安全；

最后，在外海建设深水港口有国际经验可借鉴，工程技术条件可行。

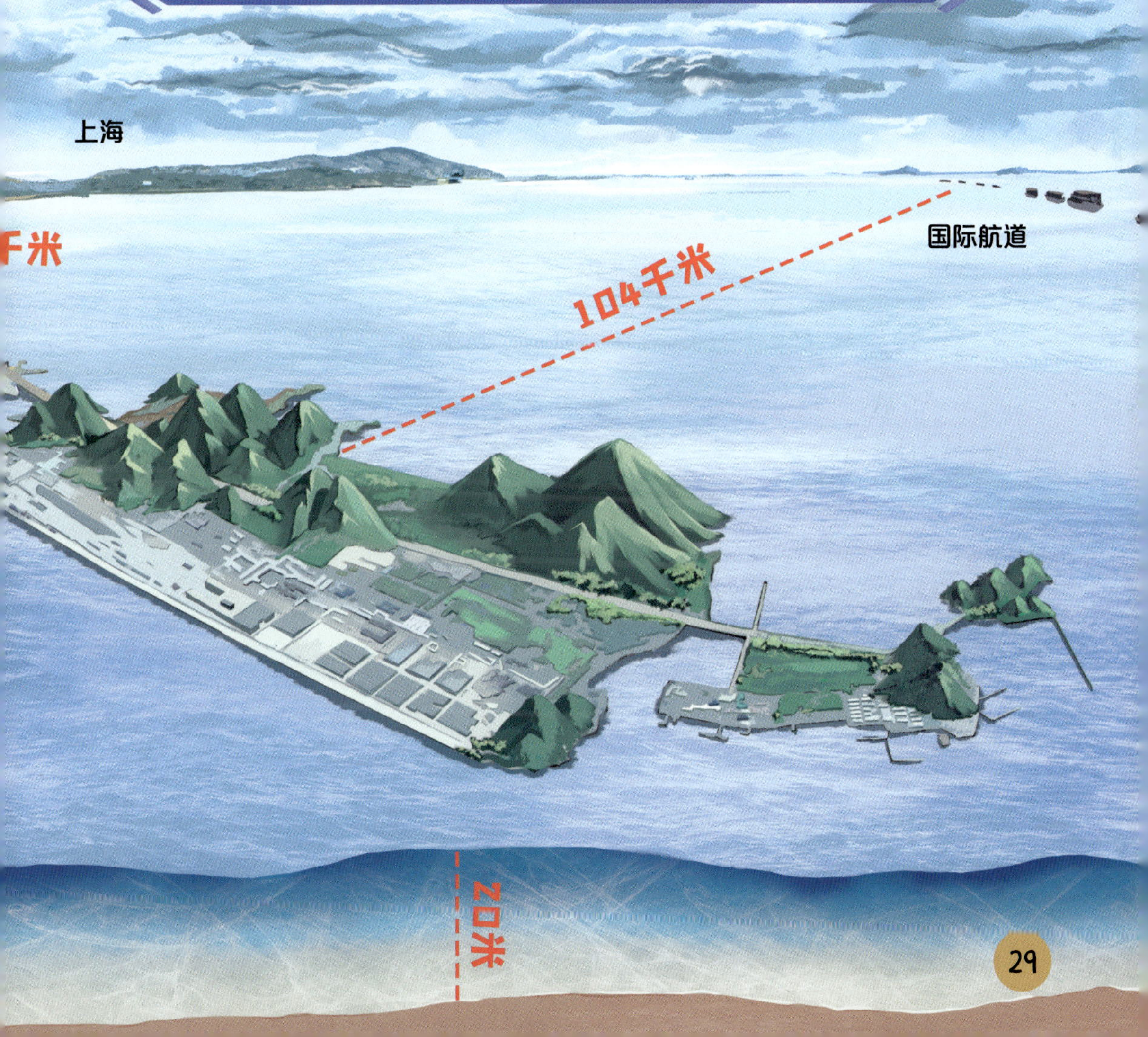

筑造大堤

1995 年开始战略布局的上海洋山深水港，一共规划了四个港区，作业港区主要集中在小洋山岛。小洋山岛不是单一的岛屿，而是由许多高低交错的小岛组成，它们露出海面的面积并不大。

要建设一个超过 25 平方千米的大港，必须把小洋山岛的大部分岛屿包括在内，并且把岛屿间不相连的地方用沙子填满，才能形成一片连贯平整的地面。

如果直接往海里填沙子，还没等到堆出海平面，沙子很可能就被洋流冲走了，所以要先规划出深水港的轮廓与朝向，接着按照轮廓，用石头在周围堆砌出一道稳固的大堤。

1. 建大堤

建设周围大堤要往海中倾倒石头，一层层堆积直至露出海面，大堤就基本形成了。这些石头主要来自附近的岛屿。

2. 压上混凝土块

为了让堤坝更加牢固，还要在大堤上面压上扭成“工”字形的护堤混凝土块。

3. 填沙

最后在围起来的堤坝中填沙子，沙子就不会被洋流冲走了。

东港区 ▼

能源作业港区，有大量储油罐和储气罐，用于存放进口石油和天然气。

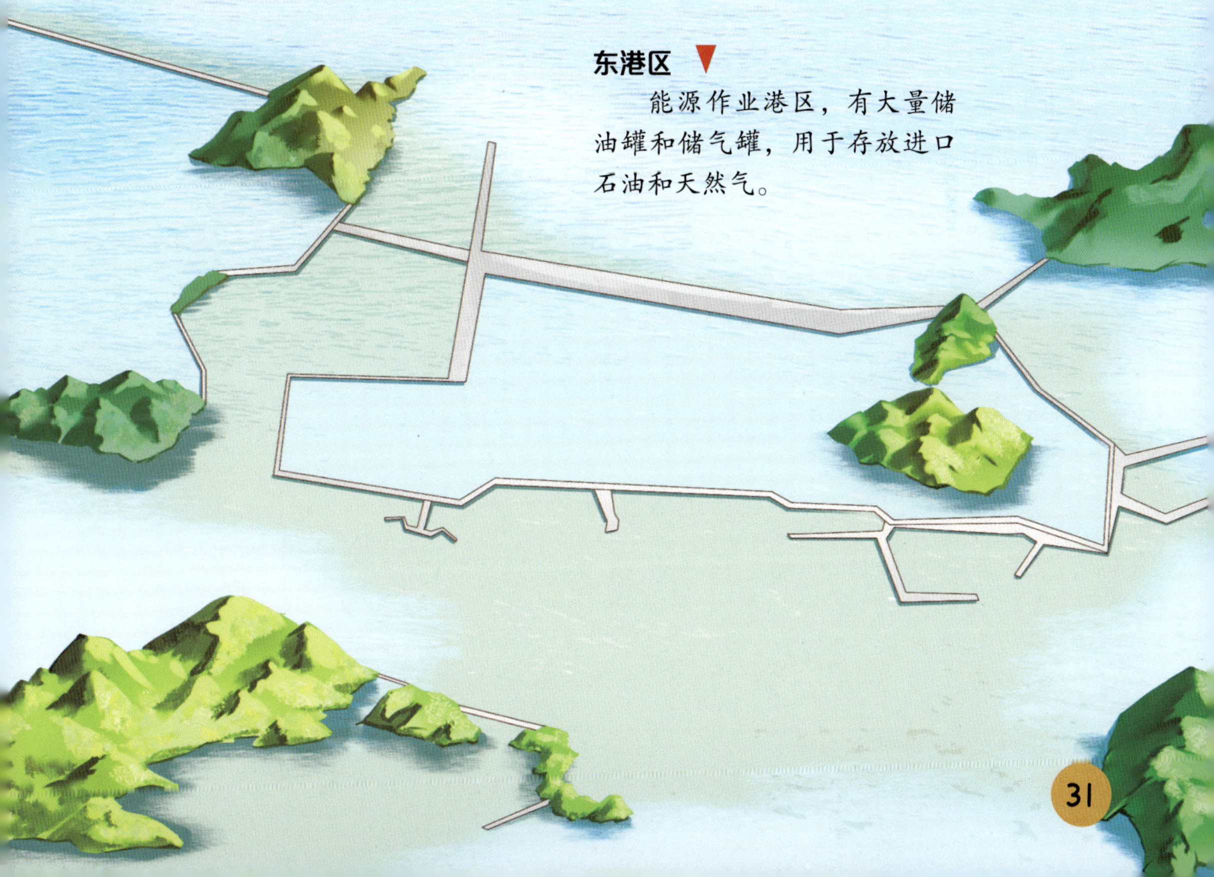

吹沙造地

大堤筑造好之后，就可以开始采用“吹沙造地”的方法来填海了。既可以用吹沙船吹沙，也可以用管道吹沙。

填海造地的用沙量将近一亿立方米，相当于 270 万个标准集装箱的体积。该去哪里找这么多沙子呢？

别担心，我们有一支由四艘超大挖泥船组成的专门用于寻找沙子的船队。

你知道吗？

艰苦的施工环境

上海洋山深水港的施工环境十分恶劣。岛上没电、缺乏淡水，并且这里是没有遮掩的外海，风大浪急。这对初来这里的 3000 多名建设者来说是巨大的考验。此外，因为岛上信号不好，建设者们的业余生活非常单调。

填海的面积

需要填成约10平方千米的陆地，相当于1400个标准足球场那么大。

“新海龙”号挖泥船

此船为现代化大型耙吸式挖泥船，它犹如深海蛟龙，不仅能在最深42米的海中完成挖泥和抛泥，还能在浅水域中将泥沙通过大口径连接软管直接吹到岸上。

看！挖泥船队正在附近的海域探测呢。如果遇到合适的泥沙，它们就会毫不客气地把泥沙“吃”到自己的“大肚子”里。

插入海床的钢管

码头是装卸集装箱的地方，货轮来来往往停泊于此，运送集装箱的卡车也奔忙于此，所以码头必须建得很牢固。但是巨大的堆场会对码头施加一个水平的力，因此，需要在码头与堆场中间打两排钢管桩，作为承台接岸结构。

打钢桩，就是把钢管桩像插筷子一样一根挨着一根插入海底。就像在稀饭中无法插稳筷子一样，有些地方的地基松软，无法插稳钢管。钢管必须穿透松软的泥沙层，插入岩石层才能固定住。

承台接岸结构

承台接岸结构相当于一堵墙，可以阻挡堆场破坏码头。下面的桩，一排是竖直地插入海底，另一排是倾斜的，起到支撑的作用。

浇筑混凝土

钢管桩由钢管组成，钢管中浇筑混凝土，使得钢管桩牢牢固定在海底岩石层上。

钢管桩

钢管桩的长度不等，最长的钢管桩能达到 76 米，相当于 20 多层楼高。

这时，打桩船就派上了用场，“当、当、当……”一根桩要打两三千锤，钢管桩被大榔头一次次地锤击后，渐渐“缩”到大海中，最后钢管桩们齐刷刷地列队，只露个“小脑袋”。

一根插入岩石层、用混凝土浇筑好的钢管桩，可以承载约 1000 吨的重量，所以用钢管桩打造的码头特别牢固。

打桩船 ▼

打桩船有个十几吨重的大榔头（锤），钢管桩被竖直地固定在打桩船上，大榔头便可以发力捶打。

岩石层 ►

淤泥层薄厚不一，有的地方淤泥层很薄，不足以让钢管桩立住。这时钢管桩需要穿过淤泥层，进入海底岩石层才能立住。

堆场排水与夯实

大海中，这片刚造出来的沙地含水量大且非常松散，我们要想办法把沙地里的水排出来。

在各种大型机械的作用下，沙地变得越来越紧密、硬实。等沙地强度达到标准后，再用混凝土浇筑成平整的地面，洋山深水港的地面就建成了。

振冲机

可以用来振捣沙地，振冲机的钻头插入沙地中振捣，沙地就会被振捣得很密实。

塑料排水管插打机

可以把塑料排水管一个个插到地里，地面上露出一部分用于排水。

强夯机

可以让沙地变得更加密实。强夯机有一个大铁饼，铁饼不断拍打地面，就能把沙地拍得结结实实的。

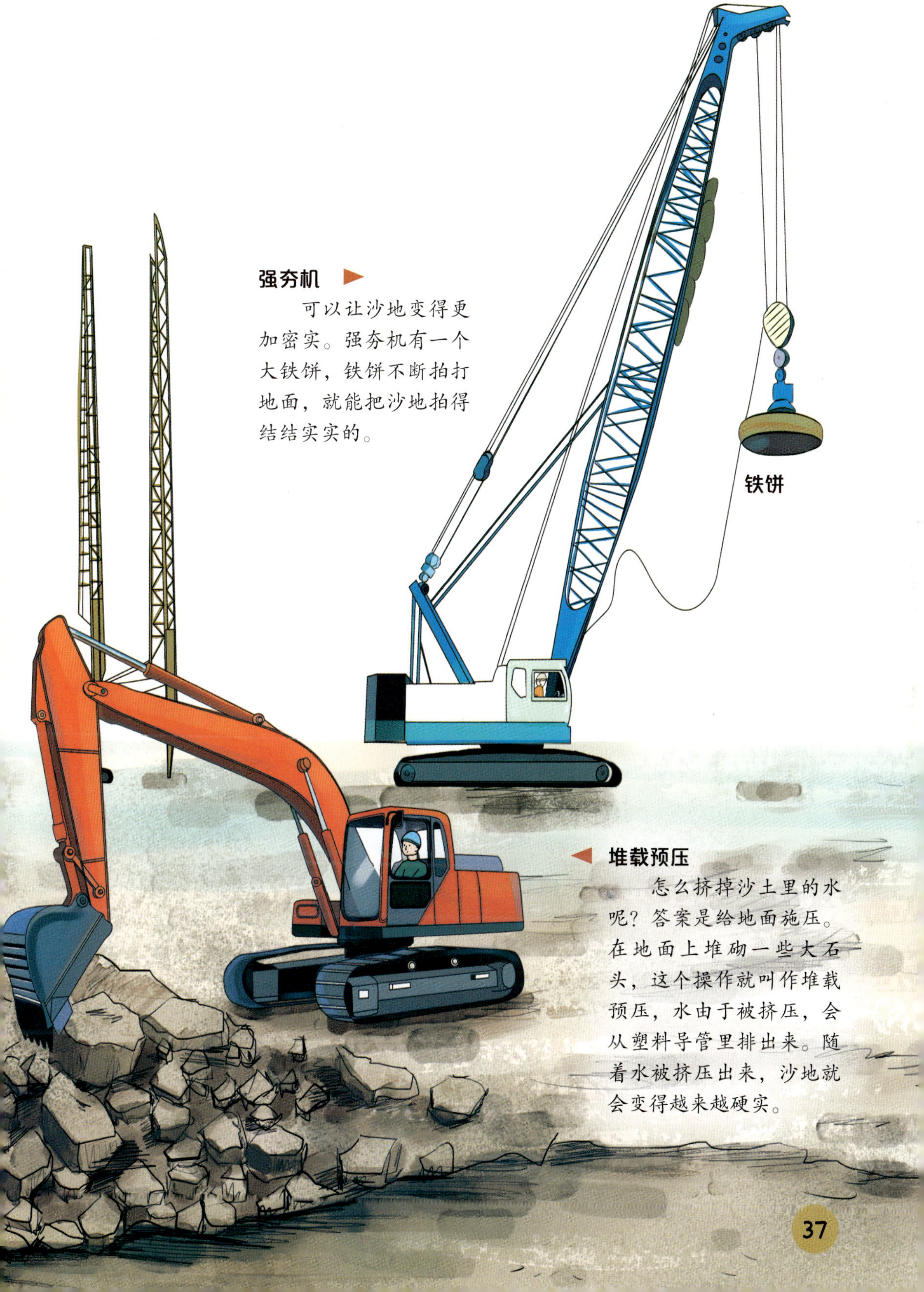

堆载预压

怎么挤掉沙土里的水呢？答案是给地面施压。在地面上堆砌一些大石头，这个操作就叫作堆载预压，水由于被挤压，会从塑料导管里排出来。随着水被挤压出来，沙地就会变得越来越硬实。

打桩定位系统来帮忙

港口建好了，还要解决一个大难题：到达港口的货物该怎么运到内陆呢？

为此，就需要建一座港口与陆地相连的大桥——东海大桥应运而生。在海中建设大桥可不容易呢！这是一项超级工程。首先要把建桥墩需要用到的 9 000 多根基桩打入海底，因为海上风浪大，一不小心就会打偏，所以需要海上打桩定位系统来帮忙。

海上打桩定位系统

我国自主研发的，可连续自动监测桩体的坐标、方位角、倾斜度、桩顶标高、锤击次数、贯入度等参数，进而指导打桩船进行定位和沉桩的系统。

打桩定位系统的定位原理 ▲

打桩定位系统离不开卫星导航系统的帮助，首先依靠卫星对打桩船进行定位，然后配合辅助测量设备对施打桩的桩位进行精确定位，以提高系统的定位精度。

茫茫大海中，风浪特别大，但是工程师们不惧艰险，努力实现了海上斜桩施打的动态全自动精确定位，做到斜桩定位偏差仅为10～15厘米，桥线偏差仅为2厘米，东海大桥的打桩取得圆满成功。

世界统一标准的集装箱

你发现了吗？港口的集装箱虽然来自不同的国家和地区，但箱子的形状却整齐划一。

集装箱是港口的主角，它出现于 20 世纪 40 年代，能有效装载和保护货物，并且可以重复使用。

标准箱

国际标准箱单位，用来表示船舶装载集装箱的能力，也是集装箱和港口吞吐量的重要统计和换算单位。以 20 英尺（6.096 米）长的集装箱为标准箱。

适应多种运输工具

集装箱不仅可以海运，还可以被火车和货车直接拉走。

标准化集装箱加快了货物在全球的周转速度，让“全球一体化”成为现实，世界也因此变小了……

节省空间

标准化集装箱，可以在船舶上层叠放置，节省空间。

缩减成本

散装货物装卸要花费大量的人力与时间，而集装箱的装卸机械化程度很高，大大缩减了成本。

张开双臂的桥吊

满载集装箱的货轮已经在码头停靠了，怎样才能高效率地把这么多集装箱从货轮上搬下来呢？

这时候就得靠“大力士起重机”了！看到了吗？那些林立在码头边的巨型桥吊叫岸边集装箱起重机，也叫岸桥，它们能轻松吊起货轮上的集装箱。

虽然桥吊看起来难以操控，但对于桥吊师傅而言，操作起重机就像在商场里玩夹娃娃游戏，只不过这个“娃娃”是好几吨重的集装箱，并且一抓一个准儿。可是再熟练的师傅都要有休息的时候，为此，工程师们研发了自动化桥吊，极大地提高了集装箱的装卸效率。

集装箱抓取 ▲

从吊梁垂下吊具，将吊具的4个爪放到集装箱上面的4个孔或槽中，然后锁住、吊起。

桥吊 ►

用于装卸集装箱的起重机，堪称港口的心脏。桥吊的吊装能力直接影响着港口的吞吐量。

你知道吗？

桥吊的“成长”

桥吊从最开始只能升起20多米高，到现在能升起50多米高；从最开始只能向海中伸出28米远，到现在能向海中伸出70米远；从最开始只能吊起30.5吨以下的货物，到现在能吊起70吨重的货物。桥吊也在不断“成长”。

集装箱放下 ▶

在普通码头上，桥吊抓取集装箱后会将其放入集装箱卡车中。如果是自动化码头，自动化桥吊会把集装箱放入自动导引运输车中。

▼ **吊梁**

桥吊上面的吊梁像人的胳膊一样，可以伸向船舶，抓取集装箱。

空无一人的“魔鬼码头”

随着鸣笛声越来越近，今天的第一艘货轮靠岸了，港口新一天的忙碌即将开始……

桥吊有条不紊地把货轮上的集装箱抓取到车辆上，再由车辆运送到堆场，但仔细一看，这些车辆怎么没有人驾驶呢？再看看四周，繁忙的码头中各类机械都在有秩序地运行，但却看不到任何工作人员！

原来啊，这是位于洋山港西港区的全自动化码头。从码头到堆场的作业环节中，除了桥吊是自动化加人工远程操控外，其他作业过程都是全自动化模式，作业效率大大提升，因而被称为“魔鬼码头”。

你知道吗？

高效的全自动化码头

之所以要把洋山港的西港区建成全自动化码头，是因为这里的集装箱泊位长度有2350米，而宽度只有500米。相比于传统码头来说非常狭窄，如果按照传统方式，最大作业能力只有500万标准箱，而如果建成全自动化码头，吞吐量可以提升25%，达到625万标准箱，可以极大地提高港口作业效率。

智能搬运工：自动导引车

自动化码头已经广泛应用于各类港口，码头的自动化离不开这些可以 24 小时不间断作业的自动导引车。

自动导引车 (automated guided vehicle, AGV)，有轨导引车 (rail guided vehicle, RGV) 和智能导引车 (intelligent guided vehicle, IGV) 又被称为“自动搬运机器人”或“智能搬运工”，是轮式移动机器人的分支。

还记得前面提到的无人驾驶车辆吗？那就是 AGV。洋山港的 130 台 AGV 依靠地面铺设的 61483 根磁钉感知位置。车上的传感器就像人的眼睛，地上的磁钉相当于路标，再由中控电脑（相当于驾驶员的大脑）下达指令，这样 AGV 就可以完成自动运转了。

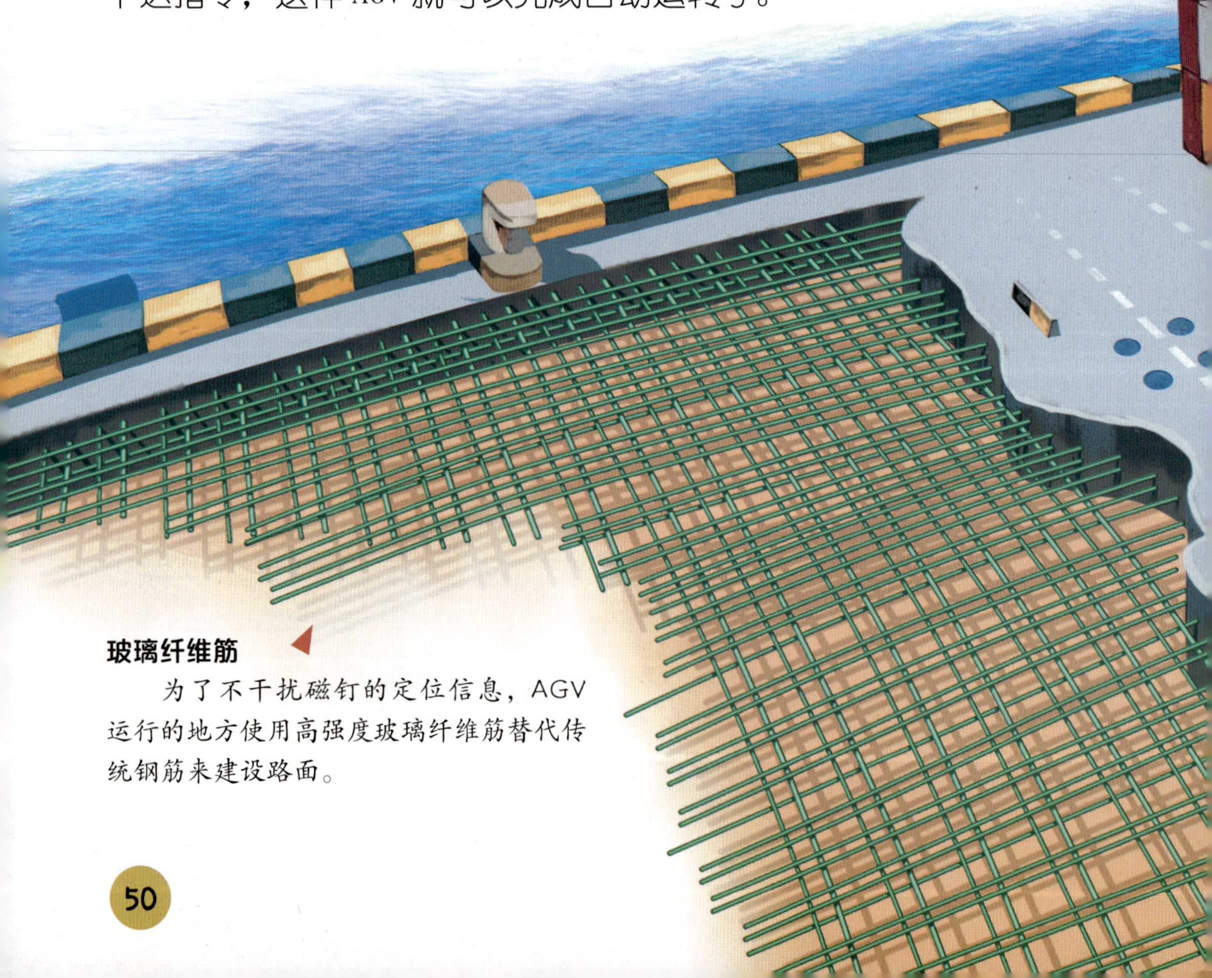

玻璃纤维筋

为了不干扰磁钉的定位信息，AGV 运行的地方使用高强度玻璃纤维筋替代传统钢筋来建设路面。

有轨导引车（RGV）

依靠轨道来搬运货物，运行速度快，无须人员操作，相比人工，有效地提高了生产效率。

自动导引车（AGV）

有强大的4轮传动动力系统，且每个轮子都有独立的转向设备。AGV的路线相对固定，地面磁钉等引导装置相当于“无形的固定轨道”，所以AGV只能在码头和堆场间来回运转。

智能大脑：中央控制中心

任何一支高效运转的队伍都离不开它的总指挥，那这么厉害的自动化码头到底在听谁的指挥呢？

原来，自动化码头的各种设备之所以能高效运行，是因为中央控制中心的指挥。

5G 信号保障

由 5G 赋能的智能大脑，保障了集装箱运转的效率，让港口工作不再过分依赖经验。

远程操控

除了在控制塔上可以远程操控桥吊和轨道吊抓取集装箱外，洋山港的远程操作员还可以在 100 多千米外的商务楼等办公地，多点操控洋山港上的大型设备，避免工作人员长时间通勤。

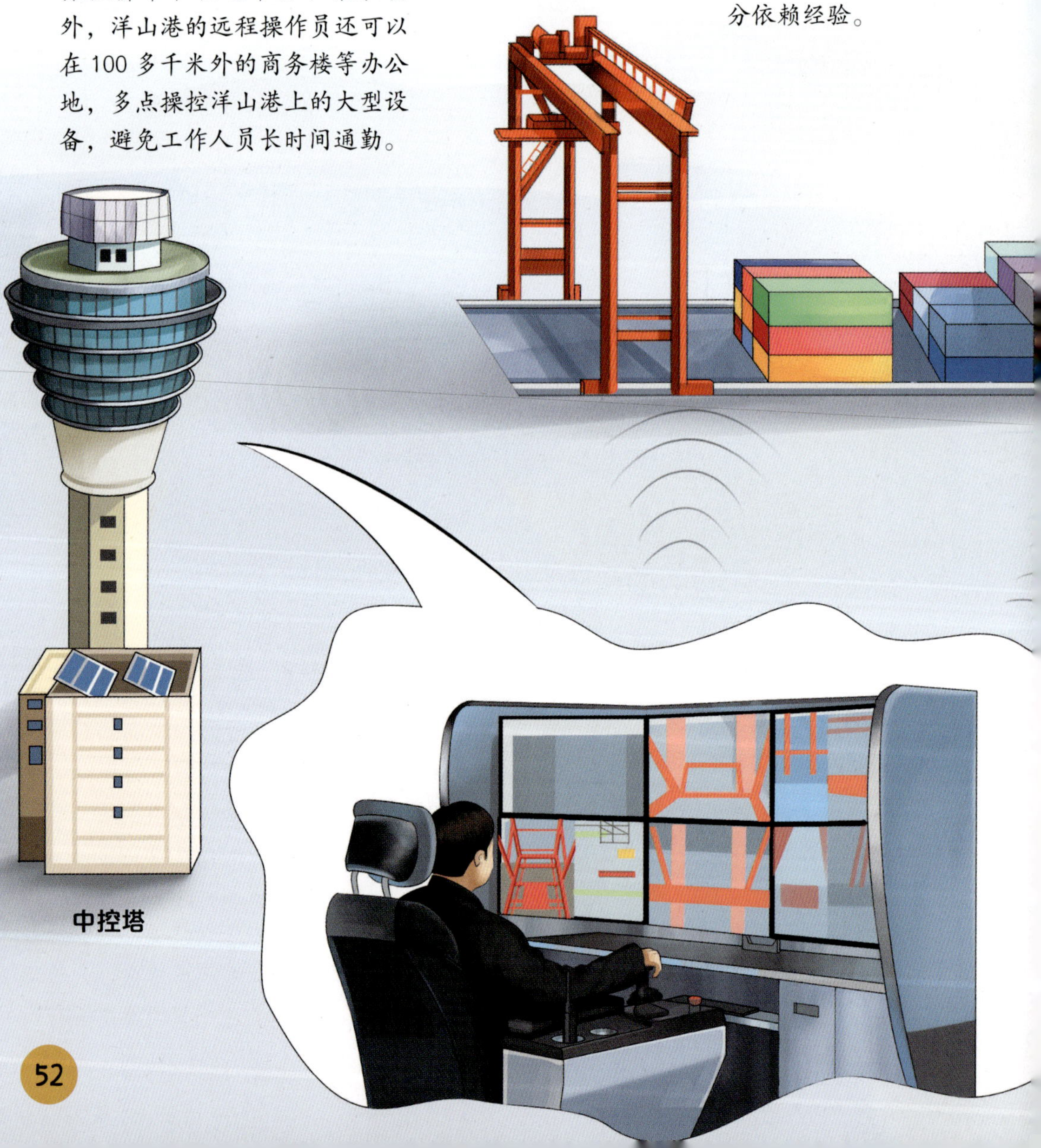

中央控制中心就像一个智能大脑，可以对自动化桥吊、自动化导引运输车、自动化轨道吊等设备进行远程操控，完成运输方案制订和百公里外“隔空取箱”等操作任务，极大地提高了港口作业效率。

智能抗风自稳系统

能感知波涛晃动的频率，用AI代替人眼，对风力和浪潮数据进行判断与运算，实时感知箱姿箱位，满足各种风向下桥吊的精准抓取，极大地提高了工作效率。

避免艰险的高空作业

中央控制中心让桥吊师傅的工作环境从45米的高空变到了500米外的舒适操控室，让港口工人不用再直面台风的威力。

实时监控

集装箱像港口的“旅客”，辗转于桥吊、自动化导引运输车和堆场的轨道吊之间，它的行踪变成了显示屏上的画面与数据。

货物的进口与出口

在洋山港，每天都有许多货物从国外运到我们国家，同样的，我们也有许多货物运到国外去，这就是货物的进口与出口。

从桥吊处接过集装箱的自动化导引运输车会根据系统指令前往堆场，当它们到达堆场指定位置后，轨道吊就会自动将集装箱抓取并将其堆叠到集装箱堆场进行保管。

接下来，就是卡车司机来堆场提箱了。

卡车司机首先要在码头闸口办理提箱申请，然后打印进场小票，小票上会显示集装箱的信息并告知司机该前往的位置，等司机到达后，轨道吊会自动抓取集装箱并将其放到卡车上。最后，卡车司机载着集装箱经东海大桥回到上海，货物的进口就大功告成了。货物的出口流程则跟进口流程相反。

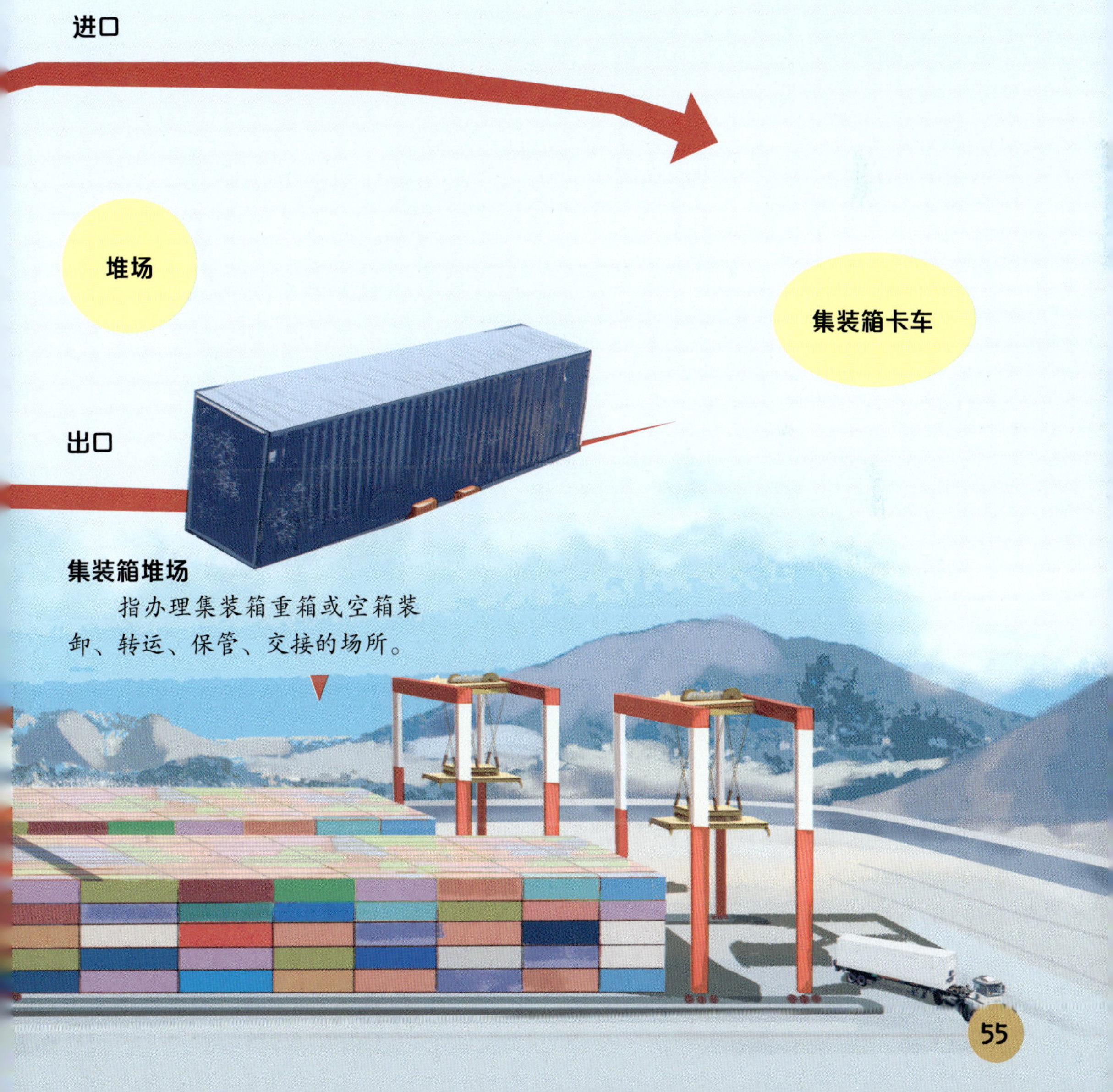

集装箱堆场

指办理集装箱重箱或空箱装卸、转运、保管、交接的场所。

海上风力发电

东海大桥的道路照明、洋山港的各种机械运作都需要用到大量电能，而上海是我国经济最发达的城市，其用电需求也特别大。为此，工程师们决定充分利用现有的资源，建造一个海上风力发电场。

东海大桥风电场

这是我国也是亚洲第一个海上风电项目，它从勘探设计到主机制造，再到设备安装，都完全由中国人自主研发、制造完成。

碧海蓝天之间，东海大桥风电场的 62 台海上风力发电机巍然屹立在东海大桥两侧，像一片迷人的风车森林。它们能源源不断地将海上风能转换为电能，每年大概能发出 5 亿度电，并可以通过海底电缆输送到上海市。

风力发电原理

利用风力带动风车叶片旋转，再通过增速机将旋转的速度提升，来促使发电机发电。

风力发电机的结构

风能

地球与生俱来的资源，是一种清洁的可再生能源。风力发电凭借其巨大的商业潜力和环保效益，受到世界各国的重视和青睐。

一起畅想港口未来

港口是国民经济的晴雨表，港口货物吞吐量能反映一个国家的经济实力，在集装箱的发展之路上，上海港从“追赶者”变为“并跑者”，最后成为“领跑者”。

港口领跑者

2022年，我国的港口货物吞吐量和集装箱吞吐量居世界第一。

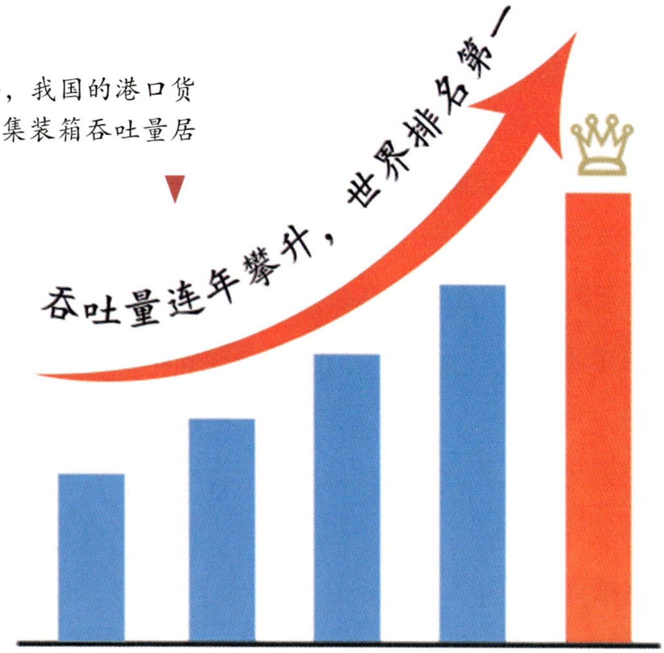

洋山港的“前世与今生”在轩轩爸爸的娓娓道来中步入了尾声，但洋山港的未来还充满无限的可能，作为全球最大的集装箱港，它将继续成为面向世界、联动四方、展现中国港口智慧的窗口。

后记

“中国超级工程丛书”绘本版8本终得付梓，手抚书稿，却觉编纂之路仍任重道远。我们立志重磅打造含48本的丛书，从桥梁、港口、航空航天、高铁、能源、道路、车辆等各个领域展现我国超级工程与大国重器，展现一幅波澜壮阔的工程画卷。

俯瞰神州大地，纵贯山河的“超级工程”星罗棋布，中国名片成色十足。且看中国桥梁，港珠澳大桥宛如海中卧龙，五峰山大桥变天堑为通途，北盘江大桥、矮寨超级悬索桥横跨深谷幽壑，它们各展雄姿；中国港口，上海洋山港填海而建，青岛港自动化领先，广州港千年兴盛，宁波港后来居上，这些港口犹如经济的晴雨表；航空航天方面，长征系列运载火箭、神舟系列飞船使中国载人航天一飞冲天，“嫦娥”探月弥补千年遗憾，天问一号奔赴火星深空探测，从天宫一号到长期有人驻守的空间站，中国航天恰似大鹏扶摇直上；中国高铁从百年前的京张铁路发展到如今的智能京张高速铁路，从饱受质疑到引领世界，冲破技术封锁，风驰电掣；而中国盾构，从最初的中铁一号发展至今，海宏号穿梭于大海之下、蒙华号奋进于黄土之中、春风号穿行于繁华城市之下，成为人们引以为傲的国之重器……

在编纂过程中，我们时而为精妙的工程设计拍案叫绝，时而被无数工程师和科学家的默默付出深深感动。这些情感融入字里行间，赋予每本书温暖的底色。编纂这套丛书，从初稿成型，到逐步修改雕琢，编著者和专家们字斟句酌，幕后团队携手“保驾护航”，每一次修改，皆倾注众人的心血与期待，终盼来付梓曙光。如今，“中国超级工程丛书”绘本版持续出版中，路在脚下，任重而道远，愿这套书成为孩子们心中永不磨灭的星光。